O

Jo-Jo

Fibel

Ein Leselehrgang
von
Nicole Namour

Illustriert von
Thorsten Saleina

Cornelsen

Wörter-Spielwiese

L öwe
E sel
S onne
E nte
N ashorn

Guten Tag !
Buon giorno !
Good morning !
Bonjour !
Merhaba !
Dzien' dobry !

Sonne

Otto
mopst
Drops.

Astrid Lindgren
Pippi
Langstrumpf
Mit Comics lesen lernen
Das Gespenst im Gurkenglas
Gurken sind super!
??!
Sonne, Mond und Sterne
Bettina Obrecht
Nick und der neue Lehrer
Lieve Baeten
Kleiner, schrecklicher Drache
Kirsten Boie · Silke Brix
Klar, dass Mama Anna lieber hat
Leserabe
1. Lesestufe
Piratengeschichten
Martin Klein · Silke Voigt
GESICHTER
François und Jean Robert
DER SONNENHOCKER
VON OLIVER WENNIGES

Tina
Tino

Klassendienst
Mo Tino - Lara
Di Anton - Ina
Mi Tina - Andi
Do Simon - Anita
Fr Nils - Verena
Knut
Anton
Tina
Lesen + Malen
Malkästen
Großer Welt-Atlas
Blumen
Mein Haustier
Vögel
Indianer
Märchen der Welt
Mikado
Piratenclu
Fang den Hut
Die kleine Hexe
Das Sams
Dam
Risiko
Wo ist das Jo-Jo?

Tina

Tino

T–i–n–o Tino

Tina ? Tino

n	i	**T**	**i**	**n**	**o**	a
a	n	i	T	i	n	a
T	o	n	i	T	i	n
T	i	n	a	n	a	n
o	T	i	n	o	T	a
i	n	a	T	o	n	i
T	a	T	i	n	a	T

	T	I	N	O
	I			
A	N	I	T	A
	O		I	
			N	
T	I	N	A	

Ich – Du – Wir

A a

I i

N n O o

An ton in Not

T t

Anita in Not

A n t o n

Anton

A n i t a

Anita

M m

Oma mit Mama

Oma am 

Mama im 

M - a - m - a Ma
ma
O - m - a O

Mama
Oma

Mama mit Tino

Oma mit Tina

Tino mit Tina

A
ni
ta
ton
An
Ma
no
na
I
Ti
o
ma

Herbst

L l

Tina malt Lama Lola.

Ali malt mit Lila.

L - a - m - a

La - ma

Lama

A - l - i

A - li

Ali

Malt Oma Lola?

Anita mit Tino

S s

Simon ist am Mist.

Tino soll mit.

Ali ist am Mast.

Ist Lama Lola am Ast?

ist
Mist

Ast
Mast

Iiii, Salat mit Ananas!
Mmmm! Salami!
Leon
Am Salat ist Ananas!
Mama
Lama
Ananas
Salat
Mast
Ast
Oma
Salami

Natur entdecken: Tiere

E e

Alle Esel essen Salat.

An Tinos Nase ist Salat.

Tante Lena ist nett.

Tina ist am See.

Essen alle Enten Salat?

Tinas Mantel ist nass!

P p

Tino ist mit Papa

im Sessel.

Alle lesen mit Opa.

O — pa — Opa

Pa — pa — Papa

Paola passt
in Papas Mantel.

Polli soll essen.

S · e · s · s · e · l   e · s · s · e · n

Ses - sel   es - sen

W w

Tina will etwas wissen.

Wann will Polli essen?

Will Polli an Mamas Wolle?

W - o - l - l - e

Wol - le

Tino will etwas wissen.

Was will Pipo essen?

w - i - s - s - e - n

wis - sen

wis / es — sen

wissen

essen

1. Was ist an Tinos Nase?
2. Wo essen Enten Salat?

P p

3. Mit wem ist Tino im Sessel?
4. Passt Paola in Papas Mantel?

5. Was will Tina wissen?
6. Nenne 2 Namen mit P.

Wo ...?

Wann ...?

Mit wem ...?

Was ...?

Womit ...?

Märchenhafte Welten

R r

Rosen – Ritter – Piraten ...

Alle wollen raten.

Rate mit!

Was ist rot?

Wer rettet wen?

Was nimmt er als Treppe?

Ei ei

Es war einmal ...

Es war einmal ein Ritter.
Sein Name war Rolo.

Ritter Rolo rettet seine Rosali

① Rosali wartet an einem Tor.

② Ein Pirat will Rosalis Perlen. Ritter Rolo ist als Erster am Tor.

③ Er rettet Rosali mit einem Eimer.

④ Rosali nimmt Rolos Rosen.

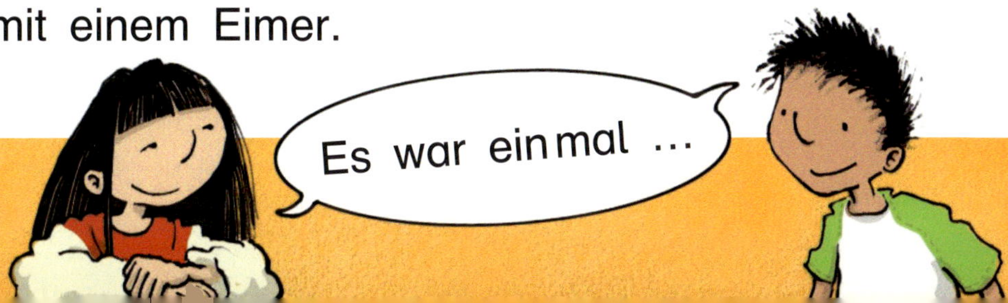

D d

Im All

ERDE

Ist das der Mann im Mond?
Nein, das ist der Mann in der Sonne.

Redet der Mann
mit einer Dame?

Malt der Mann?
Was ist in dem Eimer?

Der Mann ist mit einem Seil
an den Sonnen...

Dort ist er in der Wanne. Male den Mann im All.

Drei mal

1	2	3
Rosali	rennt	an einem Tor.
Ritter Rolo	wartet	in der Wanne.
Der Pirat	redet	mit einem Eimer.
Ein Reiter	rodelt	in Opas Sessel.
Der Mond	poltert	mit Tinas Mantel.
Ein Mann	reitet	in einem Nest.

Winter

Im Winter

ist es

drinnen

warm ...

U u

● Dann rennt Tino
als Erster los. Da!
Tino rudert mit den Armen.

▲ Alles ist nass.
Tino und Tina warten
an der roten Ampel.

✦ Nun rennt Tina los.
Tina umarmt Tino:
Du Armer!

■ Umsonst!
Was soll Tino nun tun?

F f

Tinos Anruf

Am Fenster ist Frost.
Drinnen am Ofen ist es warm.
Tino ruft Tina an.
Das tut er oft.

Nun muss Opa warten.
Das findet er doof.

H h

Tino ist ...

Schnee-Hasen
im Winter

Tino hat Husten.
Er ist heiser und
sein Hals ist rot.

Mama holt
warmen Tee.

Das ist Holunder-Tee.
Der wird dir helfen
und den Husten heilen.

ie

Paola will helfen

Tino niest und niest.
Paola holt Polli.

Mama ruft:
„Paola,
was tust du denn da?“
Sie antwortet:
„Hilfe! Hilfe!
Der Tino ist so arm
und
die Polli ist so warm!“

Sofort nimmt Mama
Polli wieder herunter.
„Halt, halt, Paola!
Hier ist nun Ruhe!“

Unser Winterheft

① Mit dem Papier will Anton etwas falten.

② Tina malt einen tollen Winterhut mit Federn.

③ Den Hasen heftet Tino an seine Fotoseite.

④ Das findet Anita im Winter toll.

Mein Winterhut

Tiere im Winter

Mein Winterfalter

Das ist im Winter toll!

Das Wasser im See friert. Es wird Eis.

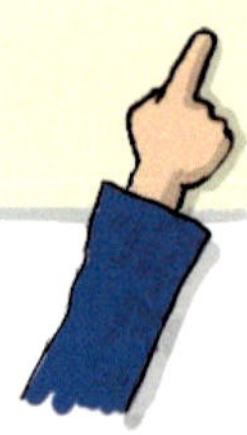

Und du? Was willst du mit deiner Seite tun?

Zeiten und Räume

Alle sind in Eile.

Tina liest:

Mama hat einen Plan.

Alle sollen um 2 an der Wiese sein.
Alle wollen um 4 in die Eis-Diele.
Alle wollen um 6 essen.

Dann wird es total anders.
Sie sind erst um 8 an der Wiese.
Nun ist es fast finster.

Z z

Niemand hat Zeit

Es ist 7 .

Alle sind in Eile.

Zuerst muss Mama mit Pipo zum Arzt.

Dann muss sie sofort zur Firma.

Es wird hell.

Pipo zerrt an der Leine.

Leon ist in seinem Zimmer.

Es wird Zeit.

Mama ruft:

„Leon, hast du alles in deinem Ranzen?

Leon, in zwei Minuten musst du los!

Leon, du musst deinen Mantel anziehen!“

Dann ruft Mama:

„Tina, hast du deinen Tee?

Tina, du musst etwas essen!“

Tina ruft Mama zu:

„Mama, wann willst du mal wieder

mit uns zusammen essen?“

Mama nimmt Tina in den Arm.

„Es tut mir leid, Tina.

Um eins essen wir alle zusammen.“

oder  Was tust du um  ?

B b

Bei Tinas Bruder Leon

Leon ist Tinas Bruder.
Beide sind in Leons Zimmer.
Neben seinem Bett ist
ein Bild mit der Sonne
im All.

Tina ruft: „O, toll!
Da ist die Sonne.
Und hier, neben dem Mars …
Ist das unsere Erde?“

Leon antwortet:
„8 Planeten wandern um die Sonne.
Ein Planet ist unsere Erde.“
Dann nennt Leon 4 weitere Namen:
„Mars – Saturn – Uranus – Neptun.“

Wer nennt die Namen
der anderen drei Planeten?

Die Sonne erhellt immer nur
einen Teil der Erde.
Der andere Teil bleibt finster.

Tina und Leon lesen:
Wie erleben wir die Sonne bis zum Abend?

1. Zuerst wird es heller.
   Bald ist die Sonne im Osten zu sehen.
2. Um 12 ist sie oben am Himmel.
3. Bis zum Abend wandert sie in den Westen.
   Am Abend wird die Sonne rot.
4. Wenn die Sonne fort ist, wird es bald finster.

Ch ch

Wenn es Nacht ist in China

Tino ist bei Tina und Leon zu Be such.
Die beiden lesen in einem Buch.
Tina ruft: „Tino, dieses Buch ist echt toll!“

Sie sucht eine Seite.
„Wenn in China Nacht ist,
ist es bei uns noch hell!“

Tino ant wor tet:
„Wieso das denn? Bist du sicher?“

Tina ruft weiter:
„Doch, ich bin sicher!
Immer nur ein Teil der Erde
hat Sonnen licht.
Der andere Teil aber nicht.“

Tino meint:
„Ach, so! Und China ist
im anderen Teil der Erde!
Ist denn in China immer Nacht?“

Leon muss lachen:
„Nein, Tino.
Die Planeten drehen sich doch
um sich selbst.
Wenn bei uns dann Nacht ist,
wird es in China wieder hell.“

Tina und Tino rufen im Chor:
„Weil dann die andere Seite der Erde …“

Wenn es Nacht ist in China, …

„Was machst du, wenn in China Nacht ist?“

Das bin ich

Manchmal
ist
mein ICH
ein
buntes
Durcheinander.

Manchmal
hat
mein ICH
eine Farbe.

Au au

Das ICH unter meiner Haut

Manchmal finde ich mich toll.
Dann lache ich und tobe herum.

Manchmal finde ich mich auch doof.
Dann brauche ich dich,
damit du mir Mut machst.

Manchmal bin ich faul und
will Mama nicht helfen.
Dann suche ich eine prima Ausrede.

Wenn ich Wut habe,
will ich oft
am liebsten fortlaufen.

Manchmal will ich horchen,
wie laut mein Herz
unter der Haut pocht.

Manchmal ist in meinem Zimmer
ein Durcheinander.
Dann ist Papa sauer auf mich.

Manchmal habe ich einen tollen Traum.
Darin sause ich
mit einem Auto aus Federn
in den blauen Himmel.

Wenn ich mich nicht traue,
etwas zu tun,
habe ich ein Zittern im Bauch.

K k

Kinder, Kinder ...

Die Eltern **horchen** an Tinos Zimmer.
Dann kommt Papa herein.
Er ruft: „Macht doch die Musik leiser!
So ein Krach! Das ist zu laut!
Was ist denn hier los?“
Alle kichern und lachen.

Tina klettert und **tastet**
auf dem Bett herum.
Sie ruft: „Das Kissen ist weich!
Das Paket ist hart!“

Paola **kostet** die Paprika.
„Iii, die ist aber bitter!“

Tino **riecht** an dem Kaktus.
„Aua, ... der duftet nicht!“

Papa rauft sich die Haare:
„Kinder, Kinder, … das alles
will ich lieber nicht **sehen**.“

Tino kichert: „Wir lernen unsere Sinne kennen.“
Paola ruft frech:
„Papa, kannst du nur so toll sehen und horchen?
Oder kannst du auch super tasten und riechen?“

Papa antwortet: „Klar, kann ich das!“

Dann testen die Kinder Papas Sinne:

Ö ö

Kartoffeln und Börek

Frau Löbler möchte wissen, was die Kinder oft essen.
Alle Kinder rufen durcheinander.

Frau Löbler ruft: „Nun aber mal der Reihe nach!
Hört bitte den anderen erst einmal zu.“

…

Was essen die Kinder anderswo in der Welt?

Ü ü

Dann malt Frau Löbler eine Tabelle an die Tafel.

Über der Tabelle lesen die Kinder eine Zeile:

Was müssen wir öfter essen?

Obst	???	andere Sachen
Bananen	Kartoffeln	Bonbons
Birnen	Paprika	Nüsse
Mandarinen	Tomaten	Eis
Weintrauben	Kürbis	Müsli
...	...	...

Tino brüllt: „Zwei Sachen passen nicht dahin!“

Frau Löbler meint: „Würdest du dich bitte melden?“

Ein Rezept für Obst-Salat

Du brauchst:

- Bananen, Birnen oder anderes Obst
- Nüsse oder Mandeln
- Rosinen oder Kokos-Raspeln
- etwas Zitronen-Saft und Ahorn-Sirup

Wir erfinden Monster-Wörter

Sau-er-kraut-sup-pen-löf-fel

Das ist meine …

Kann-…

Kann-alles-…

Kann-alles-riechen-…

Kann-alles-riechen-Nase.

Das liebe ich über alles:

Erdbeer…

Erdbeermarmeladen…

Erdbeermarmeladenbrötchen

Manchmal

Manchmal habe

Manchmal habe ich

Manchmal habe ich einen

Manchmal habe ich einen Mitter…

Manchmal habe ich einen Mitternachts…

Manchmal habe ich einen Mitternachtszauber…

Manchmal habe ich einen Mitternachtszaubertraum.

www.freizeit

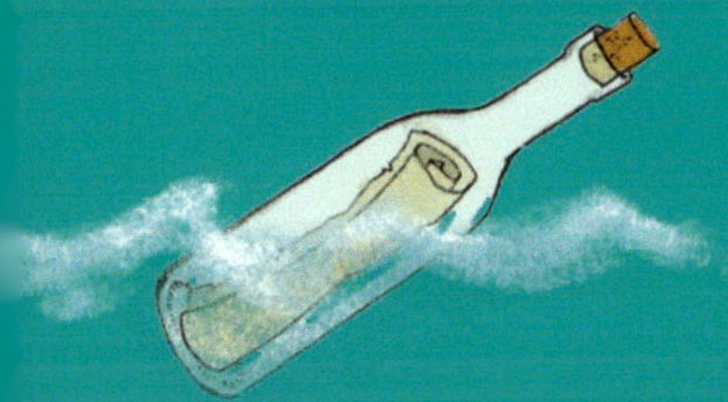

Hallo, ich bin Tino!

Das ist mein
tolles Inselhaus.
Ich liebe es,
auf dem Dach
unter den Palmen
zu lesen.

Hallo, ich bin Tina!

Ich habe
ein Inselhaus.
Wenn du
mich besuchen willst,
musst du mit dem Boot
über das Meer reisen.

Sch sch

Nach der Schule

Die Schule ist aus.

Tino und Tina sind schon fast an der Tür.

Da ruft Tina auf einmal:

„Tino, schau mal! Da ist eine Plakat-Wand!

Wollen wir ins Schwimmbad?“

„Nein, lass uns lieber die Dinos anschauen.“

„Nein, lass uns fernsehen!“

„Nein, lass uns etwas lesen!“

„Nein, lass uns einen Brief schreiben.“

„Nein, lass uns Fische malen!“

Tina schmollt: „Das ist blöd!“

Dann holt sie schnell

einen Zettel aus der Tasche.

Freizeit-Tipps Klasse 2 b

LESEN

Bücher

Briefe

im Internet

Zeitschriften

Comics

Naturkunde-Museum

15.02. bis 15.05.

Im Fernsehen

SA – 8.50

Logo!

SA – 12.10

Löwenzahn

SO – 11.30

Die Sendung mit der Maus

Himmel und Hölle

Malen, Basteln …

- Fische malen
- Schiffe basteln

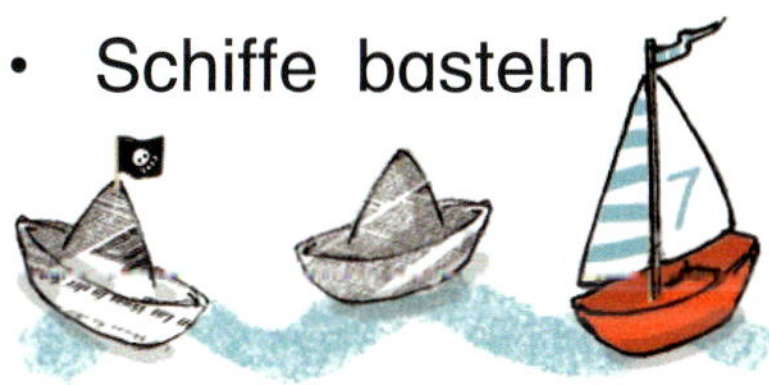

- Tierbilder sammeln
- Flaschenpost schreiben

Sport

rennen

klettern

schaukeln

schwimmen

Inline-Skaten

G g

Können Augen lügen?

Gestern war Tino mit Tina und Leon
im Museum.
Zu Hause berichtet er ganz aufgeregt:
„Das war richtig schön!“
Paola fragt: „Gibt es dort riesige Dinos?“

Doch Tino redet gleich weiter:
„Wir konnten dort selbst forschen und testen.
Paola, wusstest du, dass Augen lügen können?“
Paola überlegt: „So ein Blödsinn! **Du** lügst!
Dieser Ausflug hat dir gar nicht gut getan.“

Tino grinst: „Du irrst dich gewaltig!“
Er hat ein Foto mitgebracht.
„Hier kannst du es selbst sehen.“
Paola sagt: „Zeig mal, du Angeber.“

Eine Aufgabe für kluge Forscher:
Finde heraus, was eine Fata Morgana ist.

Ä ä

Tino hat sich ein Buch geliehen.

Die Mädchen blättern wie wild darin herum.

Tino greift Paolas Ärmel und fragt:

„Hallo? Lässt du mich nun bitte mal an das Buch?“

Paola ärgert sich: „Aber nur, weil du älter bist als ich!“

Tino zeigt den Mädchen etwas:

„Die Seite mit den Augen-Rätseln gefällt mir gut!“

Sind die grauen Linien schräg oder gerade? Lege ein Lineal an.

Ist das ein Gesicht oder Obst und Gemüse?

Freizeit-Gedichte

L ______
E ______
S ______
E ______
N ______

F reie Zeit
R ätsel lösen
E cht tolle Bücher lesen
I m Internet surfen
Z usammen schaukeln
E ndlich Zeit zum Basteln
I ns Schwimmbad gehen
T ausendmal besser als …

Wer macht was am freien Tag?

Die Giraffen
küssen Affen.

Die Elefanten
polieren Diamanten.

Die Forellen
üben Knurren und Bellen.

Gerda Anger-Schmidt

Der Tino
rennt ins Kino.

Die Tina
fliegt nach China.

Der Fisch
tanzt auf dem …

Der Geier
brät sich …

Frühling

ell rosa warm blau luftig gelb sonnig grün zart rot frisch bunt leicht

ah eh
oh uh

ih

An der alten Mühle

Tina und Tino sind mit Anton und Ina
an der alten Mühle.
Inas Familie hat dort einen Garten.
Es weht ein leichter Wind,
aber es ist schon sehr warm.

Anton fährt Ina über die Wiese.
Tina geht neben Tino.

Tino ruft: „Oh, hier blüht schon alles!“
Ina kennt sich gut aus: „Das sind Frühblüher.
Die gelben Blumen dahinten sind Narzissen.
Seht ihr auch die Krokusse und Tulpen?“

Tina sagt: „Und hier blüht sogar schon ein Löwenzahn.“

ieh äh öh üh

Auf einmal ruft Anton:
„Sieh mal, Ina.
Auf der Weide grast eine Kuh!“
Ina sagt: „Das ist unsere Allegra.“
Tino lacht: „Das ist lustig.
In Italien nennt man sie also
die Fröhliche.“

Die Kinder erleben noch einen tollen Nachmittag.
Am Abend wird Tino müde: „Es ist sicher schon fast sieben Uhr.
Wir müssen nach Hause!“
Tina wundert sich: „Ist das wahr? Es ist doch noch ganz hell!“

1

Blütezeit
März – April
Blütenfarbe
violett, weiß, orange

2

Blütezeit
März – April
Blütenfarbe
weiß, rot, gelb, lila, orange

3

Blütezeit
März – Mai
Blütenfarbe
gelb

J j

Die schönste Zeit im Jahr

Am Sonntag ist Tino mit seiner Familie im Park.
Papa und Mama liegen gemütlich auf der Wiese.

Der kleine Jonas löffelt einen Jogurt.
Opa liest. Tino übt mit seinem Jo-Jo.

Alles ist sehr ruhig. Alle fühlen sich wohl.
Nur Paola ist sauer, weil sie lieber
ins Kino wollte.

Auf einmal nimmt sie Tino das Jo-Jo weg und rennt los.
Sie jubelt laut: „Ätsch, ich hab es, ich hab es!"
Tino jagt hinter ihr her und brüllt: „Du schaffst es ja doch nicht!"
Jonas beginnt zu jammern. Papa tröstet ihn.

Opa meint: „Ja, ja, jeden Sonntag dasselbe."
Mama meint: „Ja, ja, das Frühjahr ist die …"

Die Monate im Frühjahr

Leon fragt: „Will jemand wissen, wie die Monate früher genannt wurden?“
Tina ruft: „Au ja, erzähl mal!“

„Den März nannte man früher auch Lenzmond. Lenz ist ein alter Name für das Frühjahr.

Ein alter Name für den April war Ostermond, weil das Osterfest meistens in den April fällt.

Den Mai nannte man früher auch Blumenmond, weil im Mai die meisten Blumen blühen.“

Tina sagt: „Wirklich interessant, Herr Schlaumeier.
Und was hat der Monat mit dem Wort Mond zu tun?“

Zu jeder Jahreszeit fehlt mindestens ein Monat:					
1. Januar	2. ?	3. März	4. ?	5. Mai	6. Juni
7. ?	8. August	9. ?	10. Oktober	11. ?	12. Dezember

Wir basteln ein Amselnest

Du brauchst:
hellblaues und grünes Tonpapier,
Karton, eine Schere, Kleber,
Filzer in Gelb, Schwarz und Braun,
braunes oder grünes Bastelgras.

1. Zuerst malst du Zweige
auf das hellblaue Tonpapier.

2. Schneide dann aus dem
grünen Papier kleine Schnipsel
für die Blätter.
Die klebst du an die Zweige.

3. Nun malst du jede Amsel einzeln
auf den Karton. Ungefähr so:

4. Schneide die Amseln aus und
klebe sie über die Zweige.
Male die gelben Schnäbel dazu.

5. Klebe dann ein wenig Bastelgras
in einem Bogen unter die Amseln.

Vorhang auf!

Sehr geehrtes Publikum!

Hier auf der Bühne
sehn Sie gleich,
die Königin –
und die ist reich.

Doch ist sie leider
ganz allein
und fragt: „Warum
liebt mich kein Schwein?“

Da kommt ein Schwein
herbeigelaufen,
will eigentlich
nur Wasser saufen.

Die Königin
küsst's in der Not,
da wird das rosa
Schweinchen rot.

Sp sp

Alle Welt spielt Theater

Überall in der Welt wird
Theater gespielt.
Jedes Theater braucht eine Bühne.

Spanien

In Spanien spielt ein Mann
Theater auf Stelzen.
Ihn sieht man spät am Abend
in der Stadt.

an unserer Ostsee

Hier spazieren zwei Mädchen
als Sterne über eine Wiese.
Sie spielen eine Geschichte
über den Himmel und die Erde.

Argentinien

Dieser Mann spielt mit einer Marionette.
Damit die Puppe sich bewegt,
spannt der Mann die Fäden.

St st

Die Stäbe an diesen Puppen sind ganz steif.
Aber damit kann man die Puppen gut bewegen.

Diese Kinder tanzen einen Stiefel-Tanz.
Die Stiefel sind aus Gummi und haben Streifen.

1. In welchem Land kann jemand seine Bühne selbst tragen?
2. Wo stehen Stäbe auf der Bühne?
3. In welchem Land sehen die Zuschauer die bunten Puppen nur als Schatten?

4. Wo muss jemand stets aufpassen, dass er nicht in sein Publikum stürzt?
5. Woher kommen die Kinder, die Zebras darstellen?

ck

Picknick auf der Brücke

Die Tiere treffen sich zu einem besonderen Picknick. Es findet auf einer Brücke statt. Die Tiere hocken alle nebeneinander. Manche schlecken ein leckeres Eis. Andere kleckern mit ihrer Limonade.

Auf einmal steht der dicke Elefant auf und rennt fort. Die ganze Brücke wackelt.

„Was ist denn mit dir los?“

„Lauf! Schnell! Es knackt! Die Brücke bricht!“

„Hat dich eine Mücke gestochen?“

„Wir müssen hier runter! Die Brücke knackt!“

„Spielt ihr Nachlaufen?“

„Nein!!! **Ich** rette **dein** Leben!“

Das Zebra nimmt die Schnecke huckepack …

„Wir haben **es** doch **alle** gehört!“

„**Stopp**! Ihr spinnt wohl!“

Die Tiere blicken zurück zur Brücke.

Masken für das Picknick der Tiere

Die Klasse möchte das Picknick der Tiere als Theater-Stück spielen. Dafür stellt sie Tiermasken her.

Pappteller halbieren

ans Gesicht halten – zwei Kreise für Augen aufmalen

Kreise für Augen und ein Dreieck für die Nase ausschneiden

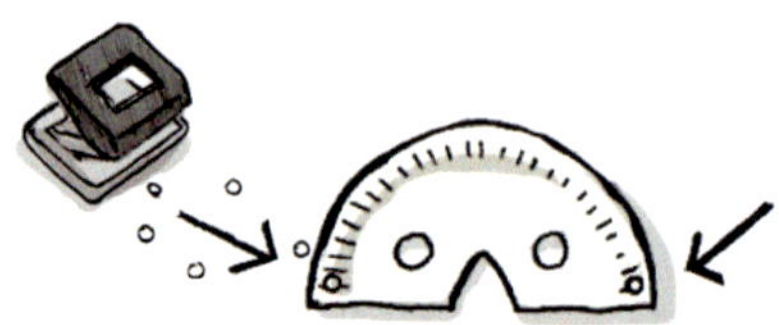

auf beiden Seiten unten lochen

Maske anmalen

Ohren oder Hörner aus Tonpapier hinten ankleben

Für eine Mähne klebst du Streifen aus Tonpapier an die Hinterseite!

Für einen Rüssel musst du dir helfen lassen!

Natur entdecken: Pflanzen

Tinos Opa liest mit den Kindern ein Buch:

Das Haus,
in dem ich früher lebte,
hatte einen Hof.
Dort trafen sich
die Kinder zum Spielen.
Der Hof war mit Steinen
gepflastert.
Nirgends war auch nur
eine Pflanze zu sehen.
Das fand ich sehr traurig.

Eines Tages entdeckte ich
am Rande der Stadt
einen wunderschönen Garten.
Darin traf ich eine Frau.
Die lächelte mich an und sagte:
„Früher gab es hier
nur Pflastersteine.“

Da lief ich nach Hause,
öffnete den Geräteschuppen
und begann zu arbeiten.

Pf pf

Sommer im Topf

Die Kinder treffen sich bei Tina auf dem Balkon.
Sie wollen Blumensamen aussäen.
Tinas Mutter hat drei Töpfe, Blumenerde und Samen gekauft.
Paola zieht Tina am Zopf: „Und wo sind die Pflanzen?“

Tina grinst: „Die gibt es doch noch gar nicht!
Wir müssen zuerst diese Blumensamen aussäen.
Im Sommer haben wir dann schöne Pflanzen
in unseren Töpfen.“
„Und was werden das für Pflanzen?“, fragt Paola.
Tina antwortet: „Das werden Wildblumen.“

Paola beginnt, wie wild umherzuhüpfen:
„Juchee, juchee, ich bin die Paola,
die wildeste Blume aus dem Topf da!“

tz

Tino meckert: „Paola, du bist schrecklich!“
Mama meint: „Du hast eine witzige Schwester.“
Alle setzen sich. Mama erklärt, wie man die Samen aussät:

„Zuerst füllt ihr
die Töpfe
mit Blumenerde.
Die drückt ihr fest.“

„Jetzt legt ihr
ein paar
Blumensamen
darauf.“

„Zuletzt
kommt wieder
etwas Erde
darüber.“

„Pflanzen müsst ihr gut pflegen!
Gebt der Erde nun jeden Tag etwas Wasser.
Die Pflanzen brauchen Licht,
mögen aber keine Hitze.“

Plötzlich rast Pipo direkt in die Blumenerde.
Mama pfeift ihn zurück: „Nimm die Pfoten weg!
Du machst ja alles schmutzig!“

chs

Können Knöpfe wachsen?

Die Klasse steht am Rand einer Wiese.
Die Kinder sind in sechs Gruppen aufgeteilt.
Jede Gruppe soll zwei Wildblumen finden,
die dort wachsen.

Die Bilder und Namen dazu finden sie auf einem Zettel.
Einige Namen kennen die Kinder. Andere sind sehr merkwürdig.

Sie lesen abwechselnd die witzigen Namen.

Anton sagt: „Hier steht **Bärenohr**!
Ob es wohl auch eine Fuchsnase gibt?“
Tino kann es kaum glauben:

„Wir haben eine **Käsepappel**!“

Tina ruft: „Seht mal!
Das hier ist ein **Wiesenknopf**!“

Ina meint:
„So, so! Knöpfe können also
wachsen!“

Von Kuhblume und Butterblume

V v

Frau Löbler muss lachen: „Ich schlage vor, dass ihr zuerst die bekannten Pflanzen sucht! Vielleicht beginnt ihr mal mit der Kuhblume.“

Verena hebt vorsichtig die Hand: „Aber die kenn ich doch auch nicht.“ Simon ruft: „Ist das die Blume aus der Vase in unserem Klassenraum?“

Andi ruft: „Nein, die ist violett! Die Kuhblume hat gelbe Blüten. Ihr kennt sie alle. Aber Pflanzen haben oft viele verschiedene Namen.“

Ein Pflanzen-Rätsel

Wunderbar
stand er da im Silberhaar.

Aber eine Dame,
Annette war ihr Name,
machte ihr Backen dick,
machte ihre Lippen spitz,
blies einmal, blies mit Macht,
blies ihm fort die ganze Pracht.

Und er blieb am Platze
zurück mit einer Glatze.

Josef Guggenmos

Wildblumen-Karten

Aus getrockneten Wildblumen kannst du schöne Karten gestalten.
Erkundige dich vorher, welche Pflanzen du pflücken darfst.
Schneide ein bisschen von einer Pflanze ab, die dir gefällt.
Schneide nicht zu viel ab. Dann kann sie weiter wachsen.

Zu Hause legst du dein Pflänzchen zwischen mehrere Löschblätter.
Darauf legst du zum Schluss viele schwere Bücher.
Wechsle jeden Tag die Löschblätter einmal aus.
Nach ein paar Tagen klebst du die Blumen auf deine Karte.

Die Glockenblume

Mitten auf der Wiese stand
die Glockenblume – sehr bekannt.

Ich hab sie nicht gehört,
das hat mich nicht gestört.

Denn ich hab sie gesehn.
blau-violett, so schön.

Die Kamille, die Kamille,
ist eine Pflanze, keine Pille.

Doch ist dein Hals ganz rot und wund,
macht sie dich oft ganz schnell gesund.

Du brauchst dann keine fiese Spritze.
Die Kamille, die ist spitze!

Vorsicht!
Manche Pflanzen sind giftig
oder kratzen und brennen.

Die Distel

Die Distel hat ein schön Gesicht,
drum wehrt sie sich und kratzt und sticht.
Der Esel aber hat entdeckt,
dass sie ihm schmeckt.

Karl Heinrich Waggerl

Und
mit Ole schimpft Mama gar nicht!
Mit Ole schimpft sie
kein einziges Wort,
und daran sieht man doch,
dass sie ungerecht, ungerecht ist
und dass sie
Ole viel lieber hat als Anna …

Immer nimmt sie Ole in Schutz,
und niemals beschützt sie Anna.

Kirsten Boie / Silke Brix-Henker

Aber da kommt Mama und
zieht Ole zu sich in die Küche
und sagt,
das geht aber nun wirklich nicht,
weil Anna ihre Ruhe braucht,
wenn sie lernt,
und als Ole zappelt und schreit,
lässt Mama ihn
überhaupt nicht mehr los und
drückt ihn nur ganz fest
auf einen Küchenstuhl.

Und das alles nur wegen Anna!

Eu eu

Tinos neues Spielzeug

Tino hat ein neues Feuerwehr-Auto.
Stolz zeigt er es Paola:
„Guck mal, der Löschwagen ist ferngesteuert!“
Paola versteht nicht:
„Waaas? Der Löschwagen ist gern bescheuert?“
„Nein, du Dummkopf!“, antwortet Tino.
„Er ist *fern-ge-steu-ert*. Ich kann ihn
mit diesem Gerät aus der Ferne steuern.“
Paola lacht: „Sag das doch gleich!“

Tino zeigt Paola,
wie man das Feuerwehr-Auto fahren lässt.
Sie wechseln sich ab und lassen das Auto
durch Tinos Zimmer rasen.

Dann muss Tino aufs Klo.
Als er wiederkommt, hat Paola
das Auto gegen die Wand gefahren.

Tino brüllt: ✳1 „Verdammt! Kannst du nicht aufpassen?
Das Auto hat zwanzig Euro gekostet!
Ab heute spielst du nur noch mit deinem eigenen Spielzeug!“
Paola beginnt zu weinen. Tino brüllt weiter: ✳2 „Blöde Heulsuse!“

Paola rennt zu den Eltern:
✳3 „Papa, Papa, Tino lässt mich nicht
mit seinem Feuerwehr-Auto spielen!“
Papa ruft aus dem Wohnzimmer:
„Euren Streit müsst ihr schon unter euch ausmachen!“
Mama ruft: ✳4 „Tino, brüll nicht so laut!“

Meine Schwester und ich

Sie macht's gut,
ich mach's schlecht.
Sie macht's euch
immer recht.

Sie ist leise,
ich bin laut,
und ich bin es,
der sie haut.

Sag ich nein,
sagt sie ja,
und wer lieb ist,
ist doch klar.

Immer sie,
niemals ich.
Und ich frag:
Wer mag mich?

Regina Schwarz

Was hätten Tino, Paola und Mama
an diesen Stellen ✳ auch sagen können?

ng

Tina erzählt von ihrer Familie

Ich lebe mit Mama, Leon und Pipo zusammen.
Papa lebt schon lange nicht mehr bei uns.
Meine Eltern haben sich vor vier Jahren getrennt.
Daran kann ich mich aber nicht mehr gut erinnern.

Ich verbringe jedes zweite Wochenende
bei meinem Papa. Darauf freue ich mich immer sehr.
Papa ist nämlich nicht so streng wie Mama.
Bei ihm darf ich länger aufbleiben … jedenfalls manchmal …

Mama hat jetzt einen neuen Freund.
Der hat uns gestern zum ersten Mal besucht.
Als es an der Tür klingelte, hatte ich zuerst Angst.

Er kam herein.
Er sah ganz anders aus als Papa.
Er gab Leon die Hand und sagte:
„Hallo Leon. Du bist also Hannas toller Junge!“
Er gab mir die Hand und sagte:
„Hallo Tina. Du bist also Hannas kleiner Engel!“

Pipo sprang fröhlich an ihm hoch. Ich glaube,
Mamas neuer Freund ist ganz in Ordnung.

nk

Mama muss morgen den ganzen Tag arbeiten.
Sie sagt: „Morgen Mittag kommt Oma.
Sie wird euch etwas kochen. Bitte denkt daran, ihr zu helfen!
Leon, hol bitte morgen das Geschirr aus dem Schrank.
Tina, deck bitte morgen den Tisch!
Und vergesst nicht: Nette Enkel bedanken sich bei der Oma!“

Eigentlich verstehe ich mich mit Leon sehr gut.
Wenn es um die Aufgaben im Haushalt geht,
zanken wir uns aber auch oft.

Aufgaben für morgen

	Leon	Tina
Getränke kaufen	x	
den Mülleimer leeren		x
den Abwasch machen	x	
mit Pipo Gassi gehen		x
Pipo …		

ß

Tino erzählt von seiner Familie

Mein Vater kommt aus der Stadt Pisa in Italien.
Vor vielen Jahren musste er für ein paar Monate in Deutschland arbeiten.
Hier lernte er meine Mutter kennen.
Die beiden haben sich sofort ineinander verliebt.

Anfangs verstand mein Papa noch gar nicht viel Deutsch.
Da konnten sie sich wohl bloß mit Händen und Füßen unterhalten.
Das sah bestimmt sehr lustig aus!

Eines Tages brachte er ihr einen Strauß mit weißen Rosen.
Dann haben sie geheiratet. Papa ist in Deutschland geblieben.
Mit Paola, Jonas, Opa und Polli sind wir jetzt eine große Familie.

Y y

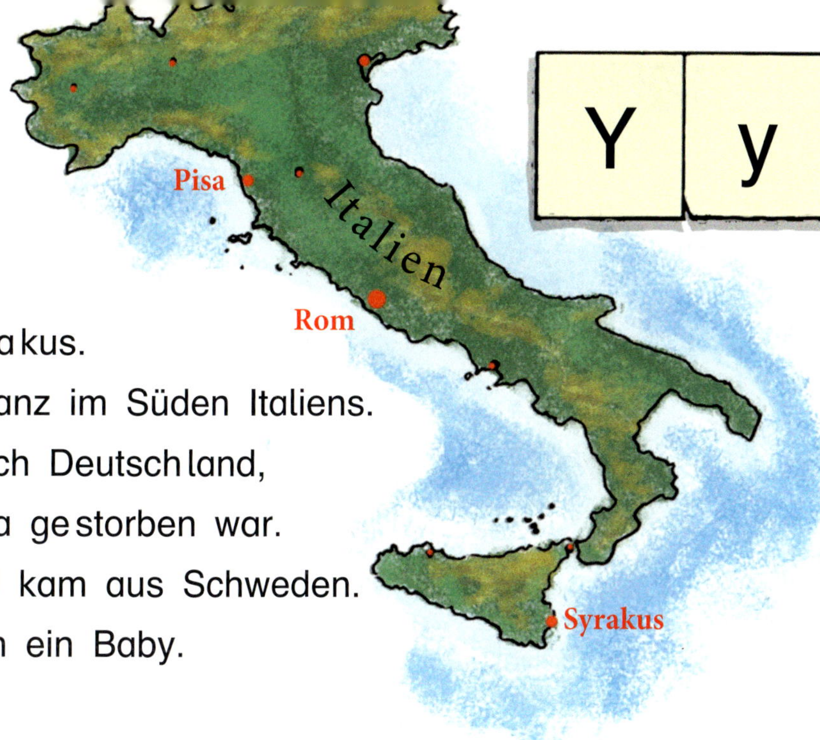

Opa kommt aus Syrakus.
Das ist eine Stadt ganz im Süden Italiens.
Opa kam zu uns nach Deutschland,
nachdem meine Oma gestorben war.
Oma hieß Yelva und kam aus Schweden.
Damals war ich noch ein Baby.

Thymian

Opa lebt gerne mit uns.
Aber manchmal hat er noch Heimweh:
„In Syrakus ist es viel heißer als hier.
Dort kann man den ganzen Abend draußen sitzen.
Und die Luft riecht nach Thymian.
Aber meine liebe Yelva ist ja nicht mehr da …“

Syrakus liegt direkt am Meer.
Wir verbringen die Ferien
oft dort.
Briefe an meine Freunde
übersetzt Opa für mich.

Liebe Alessia, lieber Andrea,
meine Lehrerinnen
in der Schule sind okay.
Ich freue mich aber
trotzdem auf die Ferien
mit euch.
Viele Grüße auch
von Paola.
A presto! Tino

Wir schreiben über unsere Familien

Ich heiße Moses.
Mein Vater ist Deutscher.
Meine Mutter ist aus Kamerun.
Kamerun ist ein Land in Afrika.
Hier seht ihr mich mit Marylin.
Ich bin Marylins Onkel. Ehrlich!

Wir heißen Inka und Fynn.
Wir sind Zwillinge.
Als Babys sahen wir fast gleich aus.
Heute ist das zum Glück anders.
Sonst würdet ihr ja
Bruder und Schwester
verwechseln.

Zufall

In Schweden schrie ein Baby –
das war vor Jahr und Tag,
als hierzuland im Körbchen
ein andres Baby lag.

Sonst geht's so nur im Märchen,
doch diesmal ist es wahr:
Die beiden Babys wurden
ganz zufällig ein Paar.

Der Papa, der erzählte
gestern die Sache mir.
Er selber ist aus Schweden,
die Mama ist von hier.

Rudolf Otto Wiemer

Ich heiße Yvonne.
Mein Papa kommt aus Stuttgart,
meine Mama aus Hamburg.
Jetzt wohnen wir in einem
sehr schönen kleinen Dorf.
Bald bekommt Mama ein Baby.
Das wird bestimmt ganz süß!

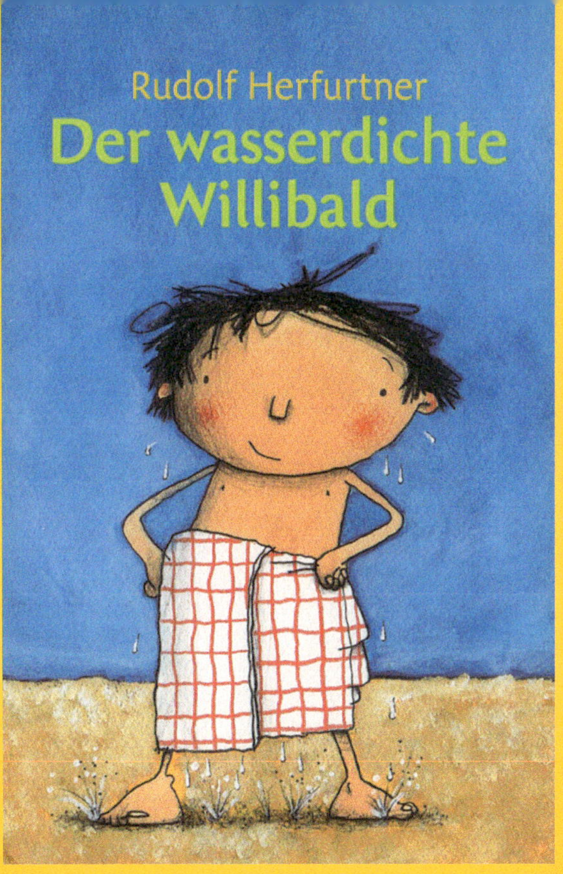

Willi traute sich viel, aber
er traute sich nicht ins Wasser.

Er wusch sich, das schon.
Er duschte auch manchmal.

Aber in der Badewanne liegen,
das war ihm schon zu viel.
Und zum Schwimmen gehen,
das wollte er schon gar nicht.

Willi hatte es
noch niemandem gesagt,
aber er hatte
einen schrecklichen Verdacht:

Der Mensch, dachte Willi,
ist gar nicht wasserdicht.
Oder vielleicht nur
die anderen Menschen,
und er nicht.

An den großen Löchern,
an Mund und Ohr und Nase,
sowieso nicht.
Dass das Wasser
durch die Nase reinkam,
das wusste ja jeder.

Aber was war
mit den kleinen Löchern?
Willi wusste, dass durch
kleine Löcher in der Haut
der Schweiß rauskam.

Wer sagt mir nun, dachte er,
dass durch diese Löcher
das Wasser nicht auch
wieder reinkommen kann?

Rudolf Herfurtner

Äu äu

Wir sammeln Geräusche

Frau Löbler hatte gestern eine tolle Idee:
„Schließt doch bitte einmal die Augen. Seid nun ganz still.
Denkt an Geräusche, die ihr aus dem Urlaub kennt.“
Die Kinder haben dann ihre Geräusche an der Tafel gesammelt.

Am nächsten Tag machen sie diese Geräusche nach.
Simon läuft mit einem Mikrofon durch die Klasse.
Er soll die Geräusche aufnehmen.

C c
tipp
tipp
Wenn ich mit Papa im Urlaub bin, gehen wir manchmal in ein Internet-Café. Dann schreiben wir am Computer eine E-Mail an Mama und Leon.
tipp
So hört es sich an, wenn du neben meiner Schwester im Auto sitzt: Sie findet es cool, die ganze Zeit Musik auf ihrem CD-Player zu hören.
Ich liebe am meisten das Lagerfeuer auf einem Camping-Platz. Das knistert so schön!
krsk
krsk
krsk
Was bedeuten diese Wörter? Internet-Café – E-Mail – CD-Player – cool

Feriengrüße an Tina

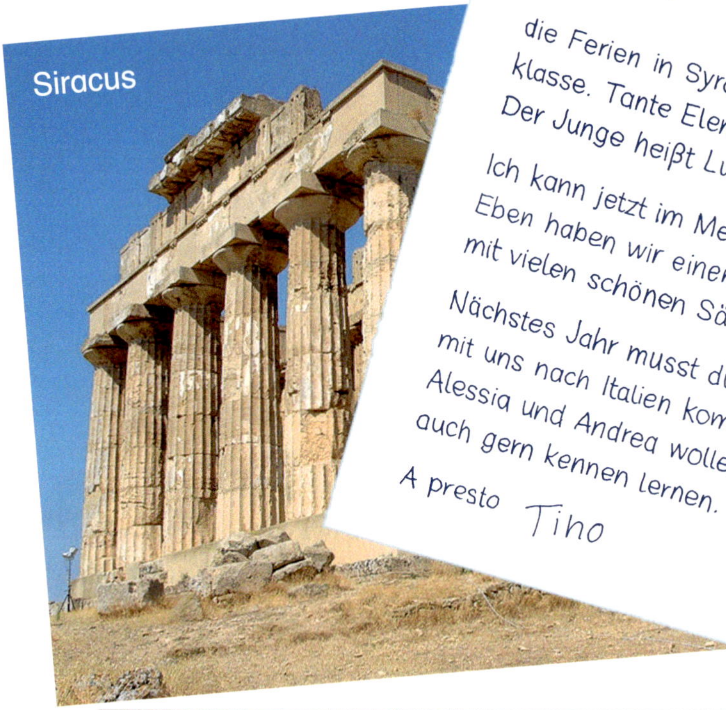

Liebe Tina,

die Ferien in Syrakus sind wieder ganz klasse. Tante Elenas Baby ist geboren! Der Junge heißt Luca.

Ich kann jetzt im Meer schwimmen!!!
Eben haben wir einen alten Tempel mit vielen schönen Säulen besucht.

Nächstes Jahr musst du mal mit uns nach Italien kommen. Alessia und Andrea wollen dich auch gern kennen lernen.

A presto Tino

An
Tina Bender
Däumlingstr. 14

78554 Aldingen

Germania

Liebe Tina, lieber Papa,

sicher habt ihr es schön auf dem Bauernhof im Allgäu.
Tina, hattest du schon deine erste Reitstunde?

Letzte Woche war ich doch so enttäuscht,
dass mein Ferienlager ausgefallen ist.
Aber jetzt bin ich sogar richtig froh darüber.

Ich werde nämlich ab morgen einen Freeclimber-Kurs besuchen.
Wisst ihr, was das ist? Schaut doch mal im Internet nach!
Schreibt ihr mir morgen eine E-Mail zurück?

Liebe Grüße von Leon

Ich liebe Bücher

Qu qu

Besuch in der Bücherei

Tina und Tino können jetzt schon gut lesen.
Deshalb fragt Leon die Kinder:
„Wollen wir zusammen in die Bücherei gehen?“
Tina und Tino rufen: „Au ja! Wir leihen uns Bücher aus!“
Paola jammert: „Aber ich kann doch noch gar nicht lesen!“
Leon lacht: „Das macht nichts. Für dich ist auch etwas dabei!“

In der Bücherei staunt Tino:
„Toll! Was es hier alles gibt: Bücher über das Weltall,
Bücher über Aquarien, Comics, Quiz-Bücher und …!“
Tina quatscht dazwischen:
„Und hier erst: Pferde-Bücher, Märchen,
Zeitschriften und sogar Videos und DVDs!“

Paola geht quer durch den Raum
auf ein Regal zu.
Darin stehen CDs und Kassetten.
„Das sind ja gar keine Bücher!“
Leon antwortet:
„Doch, das sind Hörbücher.“
Paola grinst: „So ein Quatsch!
Was soll das denn sein?“

X x

Die Kinder machen es sich auf einem Lesesofa bequem.
Gut, dass neben dem Sofa kleine Tische stehen!
Dort gibt es sogar einen CD-Player.
Damit kann man sich die Hörbücher anhören.

Tino blättert zuerst in einem tollen Tier-Lexikon.
Den Text über die Tiger-Haie findet er total spannend.
Tina hat sich ein Märchen über eine Nixe ausgeliehen.
Alles ist ruhig. Dann fängt Paola an, laut zu quasseln.

Lexikon für Experten

CD:	???	Hörbuch:	???
DVD:	???	Video:	???

Wörter-Spielwiese

Ete mete men,
tipp tapp ten,
hauer, dauer, dann,
du bist dran!

Eins, zwei, drei, vier, fünf.
Der Storch hat keine Strümpf.
Der Frosch hat kein Haus,
und du bist raus.

Aus Italien

Il Papa pesa il pepe a Pisa,
Pisa pesa il pepe al Papa.

Aus Japan

Aomakigami
akamakigami
kimakigami

O

LUFTBALL N

FAL EN

L

Textwerkstatt
Seite 130

Sommer sucht Sprosse
Haifisch sucht ☐☐☐☐☐☐

Flosse

Schild sucht Kröte
Block sucht ☐☐☐☐☐

Flöte

Das Gnu
sagt zur Kuh:
„How do you do?“
Und was sagt die Kuh
zum Gnu?

Muuuh!

Wirbel sucht Sturm
Regen sucht ☐☐☐☐

Wurm

Luft sucht Ballon
fliegt auf und ☐☐☐☐☐

davon

Gerda Anger-Schmidt/
Birgit Antoni

Textwerkstatt
Seite 130

Ich – Du – Wir

Der Brief

Es kommt von mir,
es geht zu dir.
Es ist kein Mensch,
es ist kein Tier.
Es ist nur dies:
ein Stück Papier.

Ein Stück Papier,
jedoch es spricht.
Es bringt von mir
dir den Bericht:
Ich hab dich lieb,
vergiss mich nicht.

Josef Guggenmos

Mein Vater

Er bindet mir die Schuhe zu,
er spielt mit mir gern blinde Kuh,
er macht mir für mein Kuscheltier
einen Hut aus Glanzpapier,
er nimmt mich in den Arm,
hab ich mir weh getan.

Regina Schwarz

Ich und du

Nimm's leicht! Nimm mich!
Bin ein Punkt und kein Strich,
bin schön rund, gar nicht schmal,
bin ein Kugelfisch, kein Aal,
bin 'ne Hummel, kein Floh –
doch du magst mich. Gerade so.

Gerda Anger-Schmidt

Paul will auch eine Bande

Zwei Monate wohnt Paul
schon in Dettendorf.
Und er hat immer noch keine Bande.
Dabei wimmelt es hier nur so von Banden.

Die Bande von Max ist immer auf Schatzsuche.
Die Bande von Jo ist so eine Art Räuberbande.
Sie üben Anschleichen und Spionieren,
geheime Verstecke finden und wilde Lieder grölen.
Paul überlegt: Wer kann bei seiner Bande mitmachen?

Boris ist auch neu in Dettendorf.
„Gibt es hier irgendwo eine Bande,
bei der man mitmachen kann?“,
fragt Boris.
„Du kannst in meiner Bande mitmachen“,
sagt Paul.
„Okay!“, sagt Boris.
„Und wer macht sonst noch mit?“
„Nur du und ich!“, sagt Paul und grinst.

Boris und Paul üben Anschleichen.
Boris und Paul finden tolle Geheimverstecke.
Aber das Beste passiert eines Abends …

Dagmar Geisler

Textwerkstatt
Seite 130

Herbst

Herbstwind

Erst spielt der Wind nur Fußball
mit Vaters bestem Hut,
dann schüttelt er die Bäume,
die Blätter riechen gut,
und lässt die Drachen leben,
und wringt die Wolken aus.
Der Herbstwind lässt uns beben,
wir gehen nicht nach Haus.

Günter Ullmann

Die Vogelscheuche

Die Vogelscheuche ist beliebt,
weil es dort viel zu fressen gibt.
Die Vögel wissen das sehr gut,
doch braucht man dafür etwas Mut.

Helme Heine

Sankt Martin

Ein armer Mann, ein armer Mann

Text: Rolf Krenzer
Musik: Peter Janssens

2. Ihm ist so kalt. Er friert so sehr.
Wo kriegt er etwas Warmes her?
Er hört kein gutes Wort,
und jeder schickt ihn fort.

3. Da kommt daher ein Reitersmann,
der hält sogleich sein Pferd an.
Er sieht den Mann im Schnee
und fragt: „Was tut dir weh?“

4. Er teilt den Mantel und das Brot
und hilft dem Mann in seiner Not.
Er hilft so gut er kann,
Sankt Martin heißt der Mann.

5. Zum Martinstag steckt jedermann
leuchtende Laternen an.
Vergiss den anderen nicht,
drum brennt das kleine Licht.

Natur entdecken: Tiere

Treffen sich zwei Hunde auf der Straße.
Sagt der eine:
„Hallo, ich heiße **Bello vom Bellhof**!
Hast du auch so einen vornehmen Namen?"
Sagt der andere:
„Klar, ich heiße **Runter vom Sofa**!"

Zwei Mäuse treffen eine Katze.
Die erste Maus fürchtet sich.
Die zweite beginnt zu bellen.
Da läuft die Katze erschrocken davon.
Sagt die zweite zur ersten Maus:
„Tja, Fremdsprachen muss man können!"

Tier-Rondo

Meine Katze Polli.
Sie hat ein ganz weiches Fell.
Meine Katze Polli.
Mit ihr kuschel ich so gern.
Meine Katze Polli.

Textwerkstatt
Seite 130

Delfine

Delfine gehören zu den Walen und leben in allen Meeren dieser Welt.

Sie können sehr gut hören und sogar miteinander „sprechen“: Sie pfeifen, schnattern oder machen Klickgeräusche.

Delfine leben in großen Gruppen.
Wenn ein Delfin krank ist,
kümmern sich die anderen um ihn.
Manche Delfine gehen auch in Gruppen auf Beutejagd.

Haie

Es gibt viele verschiedene Arten von Haien.
Katzenhaie sind die kleinsten.
Der Walhai wird bis zu 14 Meter lang.

Der Hai hat eine große Rückenflosse und eine große Schwanzflosse.
Damit kann er sehr schnell schwimmen,
aber nicht schnell bremsen.
Dafür ist er sehr wendig und
weicht Hindernissen blitzschnell aus.

Der Hai hat mehrere Reihen scharfer Zähne.
Damit frisst er Fische und sogar Robben.

Märchenhafte Welten

Ein sehr kurzes Märchen

Hänsel und Knödel,
die gingen durch den Wald.
Nach längerem Getrödel
rief Hänsel plötzlich: „Halt!“

Ihr alle kennt die Fabel,
des Schicksals dunklen Lauf:
Der Hänsel nahm die Gabel
und aß den Knödel auf.

Michael Ende

Märchen stunden abend

Märchen schloss turm
Turm märchen schloss
Märchen schloss turm
Schloss turm märchen
Märchen schloss turm

Textwerkstatt
Seite 131

Der letzte Drache

Ritter Kunibert lebt allein auf seiner kalten Burg.
Niemand besucht ihn.
Er überlegt: „Ich muss berühmt werden,
dann bekomme ich viel Besuch.
Ich muss gegen einen Drachen kämpfen!“
Also macht er sich auf den Weg.

Plötzlich entdeckt er eine dunkle Höhle.
Davor steht ein Schild: Hier wohnt der letzte Drache!
Kunibert ruft: „Zeig dich, du schreckliches Biest!“

Ganz hinten in der Höhle sitzt der Drache.
Doch der ist ziemlich klein, schrumpelig und zahnlos.
„Du bist kein Drache, du bist ein Wurm!“, spottet Kunibert.
Kunibert ist enttäuscht.
Mit so einem Winzling kann man doch nicht kämpfen!
„Ich gehe wohl besser wieder auf meine Burg“, sagt er betrübt.

„Du hast eine Burg?“, fragt der Drache neugierig.
„Nimm mich doch mit!“
Aber Kunibert sagt: „Was soll ich mit dir anfangen?“
Der Drache zählt auf:
„Ich kann dir ein Kaminfeuer anzünden.
Ich kann auch Spiegeleier braten. Und ich kann … !“

Markus Grolik

Winter

Die Heilige Nacht

Gesegnet sei die Heilige Nacht,
die uns das Licht der Welt gebracht!

Wohl unterm lieben Himmelszelt
die Hirten lagen auf dem Feld.
Ein Engel Gottes, licht und klar,
mit seinem Gruß tritt auf sie dar.
Vor Angst sie decken ihr Angesicht,
da spricht der Engel:
„Fürchtet euch nicht!
Ich verkünd euch große Freud:
Der Heiland ist geboren heut.“

Eduard Mörike

Dein Licht zum Verschenken

Du brauchst:

☆ ein Glas
☆ buntes Transparent-Papier
☆ Fertig-Kleister, einen Pinsel
☆ Zeitungspapier
☆ ein Teelicht

Wie die Menschen feiern

Tina und Tino erzählen

Im Dezember feiern wir das Weihnachtsfest.
Damit erinnern die Christen an die Geburt Jesu.
Wir schmücken einen Weihnachtsbaum.
Dann singen wir Weihnachtslieder,
essen Süßigkeiten und beschenken uns.

Ali erzählt

In der Türkei feiern wir nicht Weihnachten,
weil die meisten Türken keine Christen sind.
Wir sind Muslime. Unsere Religion heißt Islam.
Einmal im Jahr feiern wir das Zuckerfest.
Wir beten, essen Süßes und beschenken uns.
Das Zuckerfest ist jedes Jahr
an einem anderen Tag.

Sarah erzählt

Ich komme aus Israel.
Meine Religion ist das Judentum.
Wir Juden feiern im Dezember das Lichterfest.
Wir haben einen Leuchter mit acht Armen.
Die Kerze in der Mitte wird zuerst angezündet.
Dazu zünden wir jeden Tag eine weitere Kerze an.
Wir singen Gebete, essen leckere Sachen und beschenken uns.

Textwerkstatt
Seite 131

Zeiten und Räume

Lebens zeit **Halb zeit**

Winter zeit **Schlafens zeit**

Ferien zeit

Tages zeit **Pausen zeit**

Warte zeit **Schul zeit**

Frei zeit **Zeit lupe**

Textwerkstatt
Seite 131

Tina erzählt: So schnell kann ein Tag vergehen

Am frühen Morgen
Um halb sieben klingelt morgens der Wecker.
Ich muss mich waschen und mir die Zähne putzen.
Ich muss mich anziehen.
Ich möchte in Ruhe mit Mama und Leon frühstücken.

Am Vormittag
Montags habe ich bis 13 Uhr Schule.
Wir lesen in der Fibel.
Wir rechnen neue Aufgaben.
Zum Schluss haben wir noch zwei Stunden Sport.

Mittags und am Nachmittag
? ? ?

Am Abend
Nach dem Abendbrot packe ich meine Schultasche.
Dann spiele ich gerne mit Mama und Leon.
Manchmal liest Mama mir auch im Bett etwas vor.
Aber nur, wenn ich mir vorher die Zähne geputzt habe!

Mein schönster Tag

morgens	vormittags	nachmittags	abends

Das bin ich

Weil ich bin

Ich atme ein, ich atme aus,
die Luft geht rein, die Luft geht raus.

Ich gehe vorwärts, Schritt für Schritt,
ein Fuß geht mit dem anderen mit.

Ich denke leise, so für mich:
Weil ich ich bin, bin ich ich.

Helmut Glatz

Wunder des Alltags

Manchmal, da habe ich eine Angst.
Manchmal, da habe ich einen Zorn.
Manchmal, da habe ich eine Wut.

Manchmal, da habe ich keine Freude.
Manchmal, da habe ich kein Vertrauen.
Manchmal, da habe ich keinen Mut.

Aber manchmal,
da kommt plötzlich jemand
und fragt mich: „Komm du, geht's dir nicht gut?"

Hanz Manz

Textwerkstatt
Seite 132

DAS BIN ICH BIN ICH BIN ICH

Name: Valentino Rossi (Spitzname: Tino)

Geburtstag: am 22. Februar

Aussehen: Ich bin heute 1,24 Meter groß.
Meine Augen sind braun.
Ich habe glatte schwarze Haare.

Meine Hobbys: Am liebsten filme ich mit der Kamera von meinem Opa. Ich gehe auch gerne ins Museum. Wenn das Wetter schön ist, fahre ich draußen mit meinem Fahrrad herum. Später möchte ich gerne mal ein Mountain-Bike fahren.

Das mag ich:

Ich mag Tierbücher, Schokoladeneis, Comics, Pizza mit Salami, mit Tina spielen, Polli, meine Familie und natürlich Urlaub in Italien.
Ich kuschele gerne mit Opa auf dem Sofa.

Das mag ich nicht:

Ich gehe nicht gern zum Zahnarzt.
Manchmal habe ich Angst vor großen Hunden.
Ich werde wütend, wenn Paola mich nervt.
Ich finde es doof, wenn Leute ihren Müll einfach auf die Straße werfen.

www.freizeit

In deiner Freizeit kannst du viele verschiedene Dinge tun.

Überall findest du etwas zum Lesen: Bücher – Comics – ???

Es macht auch viel Spaß, sich zu bewegen: Du kannst Fußball spielen, rennen, schaukeln, schwimmen, tanzen, turnen, ???.

Auch wenn es draußen nass ist, kannst du zusammen mit anderen viele tolle Spiele spielen: Kartenspiele, Brettspiele, Würfelspiele, ???

Kinderspiele aus anderen Ländern

Zieh den Stuhl an – aus Panama*

Die Kinder sitzen im Kreis um zwei Stühle herum.
Jedes Kind legt einen Schuh in die Mitte.
Zwei Kinder bekommen die Augen verbunden.
Bei „Los!“ versuchen sie, vier Schuhe zu finden
und sie den Stuhlbeinen anzuziehen.
Dann noch schnell auf den Stuhl setzen!
Gewonnen!

Pusteball – von den Philippinen*

Kaipsak – ein Spiel aus Grönland*

Setzt euch in einen Kreis auf einen glatten Boden.
Legt eine leere Flasche in die Mitte.
Ein Kind geht in die Mitte und dreht die Flasche.
Dann rennt es aus dem Kreis heraus
und einmal ganz schnell außen um die anderen herum.
Wer schafft es, bevor die Flasche aufhört, sich zu drehen?

Textwerkstatt Seite 132

Frühling

Reimerei im Frühling

Wir freun uns, dass die Sonne lacht,
die Krokusse sind aufgewacht.
Sie blühen lila, gelb und weiß,
sie brechen mit dem Kopf durchs Eis.

Dann leuchten bald die Osterglocken,
sie wollen uns nach draußen locken.
Du wirst es sicher längst schon wissen:
Man nennt sie auch ganz gern Narzissen.

Die Tulpe, die will auch was tun
und nicht mehr in der Zwiebel ruhn.
Der Frühling gibt ihr einen Grund
zu blühn in allen Farben bunt.

Der Winter ist vorbei,
dem Frühling einen Kuss.
Und mit der Reimerei
ist nun auch wirklich Schluss.

Ostereier-Leporello

Du brauchst:

- einen längeren Streifen weißes Papier
- eine Schere, Klebstoff, bunte Filzstifte
- wenn du magst: Schmuckband, kleine Klebebildchen, Lackmalstifte

1. Knicke den Papierstreifen an einem Ende etwa 5 cm um.

2. Falte dann den ganzen Streifen im Zickzack.

3. Male nun eine Eierform auf. Schneide sie nur an den hier rot markierten Stellen aus.

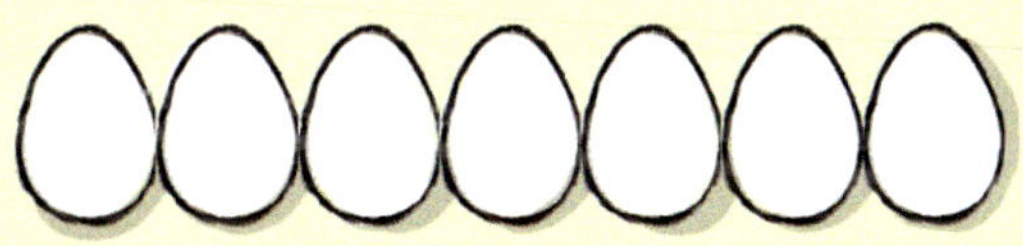

4. Nun kannst du das Eier-Leporello auseinanderfalten und nach Lust und Laune bemalen und bekleben.

Vorhang auf!

Was ist Pantomime?

Theater kann man auch ganz ohne Worte spielen.
Das nennt man dann Pantomime.
Jemand, der so Theater spielt, heißt auch Pantomime.
Ein Pantomime erzählt nur mit Bewegungen
und mit seinem Gesicht ganze Geschichten.

Oft ist ein Pantomime auch im Gesicht weiß geschminkt.
Dann malt er sich große schwarze Augenbrauen auf die Stirn.
Damit wird der Ausdruck in seinem Gesicht noch stärker.

Zwei berühmte Pantomimen waren Oleg Popow und
Marcel Marceau. Oleg Popow siehst du oben auf dem Foto.

Unten siehst du dreimal Marcel Marceau.
Was er uns wohl erzählen will?

Textwerkstatt
Seite 133

Ein Rollenspiel: Wer sitzt neben Julia?

Spielt oder lest diesen Text mit verteilten Rollen. Jede Rolle hat eine Farbe:

Lehrerin   Julia   alle anderen Kinder   Tom (der nicht redet)

Der Text von dem Erzähler oder der Erzählerin ist schwarz gedruckt.
Das grau Gedruckte könnt ihr beim Spielen weglassen.

„Das ist Julia“, sagt die Lehrerin. „Sie kommt neu in unsere Klasse.“

Julia nickt und schwenkt eine große Tüte.
„Ich habe jedem etwas mitgebracht“, ruft sie.

Alle klatschen und schreien. (klatschen und schreien)

Die Lehrerin ruft: „Nicht jetzt! Jetzt haben wir Unterricht.
Die Süßigkeiten kannst du in der Pause verteilen.
Wer will neben Julia sitzen?“

Wieder schreien alle: „Ich!“

Nur Tom sagt nichts.

„Wo willst du sitzen, Julia?“, fragt die Lehrerin.

„Dahinten“, antwortet Julia. Sie zeigt auf Tom.

„Kennt ihr euch?“, fragt die Lehrerin erstaunt.

„Nein“, antwortet Julia.

„Na gut“, sagt die Lehrerin. „Der Platz neben Tom ist noch frei.
Da muss ich niemanden umsetzen.“

Cordula Tollmien

Natur entdecken: Pflanzen

Diese Wiese hat der Maler Gustav Klimt vor etwa hundert Jahren gemalt.
In jeder Wiese verstecken sich viele Wiesenblumen.
Einige Namen kennst du ganz sicher. Diese Wörter hier helfen dir dabei.

KLEE GÄNSE KLATSCH
KORN
WIESEN BLUME
MOHN
ZAHN LÖWEN BLÜMCHEN

Textwerkstatt
Seite 133

Wiesen-Riesen

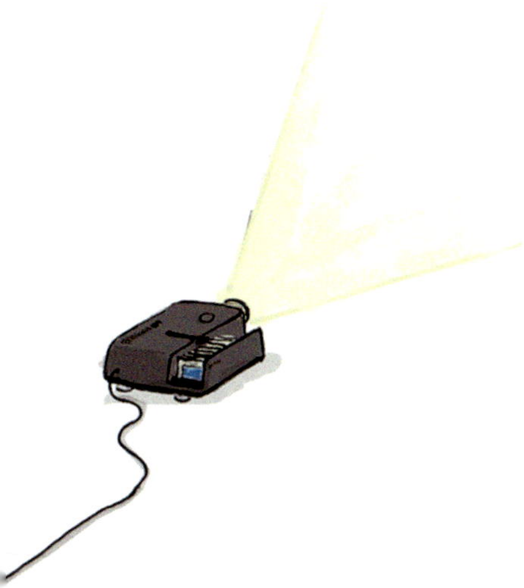

Auf jeder Wiese liegen
tausend kleine Schätze herum.
Die könnt ihr sammeln,
ohne eine Pflanze zu verletzen:

Blütenblätter, Grashalme, kleine Blättchen,
Samen, Fallschirme der Pusteblume –
aber auch Insektenflügel, Federn und vieles mehr.

Mit diesen kleinen Schätzen lässt sich eine tolle Dia-Show veranstalten:

Am besten eignet sich alles, was dünn und flach ist.
Blüten und Blätter solltet ihr vorher trocknen und pressen.
Wie das geht, könnt ihr auf Seite 84 nachlesen.

Ihr braucht dann kleine Dia-Rahmen aus dem Fotoladen.
Einen Dia-Projektor gibt es sicher in deiner Schule oder bei den Eltern.

Klappt einen Dia-Rahmen auf.
Legt einen eurer Schätze vorsichtig
zwischen die beiden Glasscheiben.
Ihr könnt dafür auch eine Pinzette benutzen.
Dann klappt ihr den Dia-Rahmen wieder zu.
Fertig!

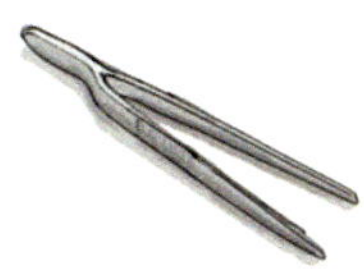

Wenn ihr alle Schätze in die Dia-Rahmen gesteckt habt,
kann die große Dia-Show beginnen. Ihr werdet staunen!

Wie wir leben

Mein Name ist Aseye. Ich komme aus Ghana in Afrika.
Wir wohnen dort in der Stadt Accra.
Accra liegt direkt am Meer. Bei uns ist es immer warm.
Mein Vater William arbeitet bei der Regierung.
Meine Mutter Sika ist Lehrerin.
Meine Schwester Fiam ist elf, ich bin sieben Jahre alt.
Mein größter Wunsch ist ein kleines Kätzchen!

Ich heiße Edgar und bin acht Jahre alt.
Ich lebe auf der Insel Panay von den Philippinen.
Meine Eltern nenne ich „Papang“ und „Mamang“.
Meine Brüder heißen Weng-Weng, Edwin und Bap-Bap.
Wenn es bei uns zu laut wird, ruft Mamang manchmal:
„Hätte ich nur vier Mädchen!“
Aber ich passe auch oft auf meine kleinen Brüder auf
und helfe Mama in der Küche.
Dann lacht sie und sagt:
„Euch würde ich niemals eintauschen!“

Ich bin sieben Jahre alt und heiße Meena.
Weil es auf dem Land keine Arbeit für Papa gab,
mussten wir nach Neu-Delhi ziehen.
Das ist die Hauptstadt von Indien. Jetzt arbeitet er
auf einer Baustelle direkt neben unserem Haus.
Puh, ist das laut!
Meine kleinen Brüder heißen Rewal und Sonu.
Meine große Schwester heißt Suman.

Textwerkstatt
Seite 133

Für jeden die Hälfte

Jan und Felix fahren mit ihren Eltern ins Grüne.
Auf einer Wiese am gluckernden Bach machen sie Picknick.

Es gibt lauter gute Sachen:
Kartoffelsalat, Hähnchenbeine, Obst, Käsebrote und Limonade.
Und zum Nachtisch Hefeschnecken mit Zuckerguss!

Eine Hefeschnecke bleibt übrig. „Wer will die haben?“, fragt Mama.
„Ich!“, ruft Felix. „Nein, ich!“, ruft Jan.
„Teilt sie euch!“, sagt Mama. „Für jeden die Hälfte.“
„Immer teilen“, knurrt Felix. „Immer bloß die Hälfte“, murrt Jan.

Nach dem Essen sagt Papa: „Mama und ich machen jetzt
einen kleinen Spaziergang. Der Rest der Familie räumt auf!“

„Ich nicht!“, ruft Felix.
„Ich auch nicht!“, ruft Jan.
„Oh doch“, sagt Papa, „ihr alle beide!“
Jan und Felix gucken sich an.
Papa meint es ernst!

„Also los“, knurrt Felix.
„Von mir aus“, murrt Jan.
Dann machen sie sich an die Arbeit.

Nachher sitzen beide am Bach
und halten ihre Füße ins Wasser.
Felix schubst Jan mit dem Ellenbogen.
„Hefeschnecken teilen ist blöd.
Aber Aufräumen teilen ist super!“
Jan grinst. Felix auch.

Ingrid Uebe

Ein ganz

*Das bin ich
mit meinem
Freund Luis.*

*Weil wir kein Geld haben,
in Deutschland Urlaub
zu machen, baden wir
immer nur bei uns im Meer.*

1

2

Aber ich will mir keine Sonnenmilch
ins Fell schmieren!
Damit mir trotzdem nichts passiert,
hat Luis mir in der Stadt
einen großen blauen Hut gekauft.

Ich liebe es, mich einfach
auf dem Wasser treiben zu lassen.
Aber danach ist mein Fell natürlich
immer pitschnass.
Oje, wir haben kein Handtuch!

3

4

Zu Hause habe ich mich damit
in die Hängematte gelegt.
War das schön kühl!
Dann bin ich im Traum endlich
nach Deutschland geflogen.

Damit ich nicht weglaufe,
buddelt Luis mich zum Trocknen
im Sand ein.
Das ist gar nicht lustig!
Hilfe! Ich bekomme Sonnenbrand!

Textwerkstatt
Seite 133

besonderer Urlaubstag

Ich heiße Moses. Ihr kennt mich schon von Seite 92. Dieses Jahr haben wir in Kamerun Urlaub gemacht! Jeden Abend habe ich in mein Tagebuch geschrieben.

Aus meinem Urlaubstagebuch

Morgens haben wir uns von meiner Ur-Omi verabschiedet.
Dann sind wir endlich ans Meer gefahren!
Auf dem Weg nach Limbe stehen Kokosnuss-Palmen
am Straßenrand.
Außerdem gibt es Urwälder, Palmenwälder und Kinder,
die uns Mangos und Bananen verkaufen wollen.

Wir sind endlich in Limbe angekommen.
Limbe ist eine Stadt
am Fuße des Mount Kamerun.
Das ist ein Berg, der noch Lava spuckt.
Im Wasser liegen Steine von der Lava.

Unser Hotel liegt am Meer
und hat einen Swimmingpool.
Der Strand ist vom Vulkan ganz dunkel.
Hinter dem Strand fließt ein Bach
mit ganz kaltem Wasser.

Ich liebe Bücher

Tina besucht heute ihre Oma. Tino ist auch dabei.
Oma holt ein Buch aus dem Regal und sagt:
„Das war mein Lieblingsbuch, als ich zur Schule ging."

Tino kann es kaum glauben: „Das ist ja Pippi Langstrumpf!
Ich habe auch ein Pippi-Buch. Aber das hier sieht ja ganz alt aus!"
Oma lacht: „Pippi-Bücher sind schon seit über 50 Jahren Lieblingsbücher."
Dann lesen sie gemeinsam folgende Geschichte:

Pippi bekommt Besuch

*In der kleinen Stadt hatte sich herumgesprochen,
dass ein kleines Mädchen ganz allein in die Villa Kunterbunt eingezogen ist.
Die Erwachsenen waren deshalb sehr besorgt und beschlossen,
dass Pippi in ein Kinderheim gehen soll.*

*Als Pippi mit Annika und Thomas auf der Veranda Pfefferkuchen aß,
kamen zwei Polizisten zur Villa Kunterbunt,
um sie zu holen …*

„Wie schön ist es doch zu leben", sagte Pippi
und streckte ihre Beine weit von sich.
In dem Augenblick kamen zwei Polizisten
in voller Uniform durch die Gartentür.

„Oh", sagte Pippi,
„ich muss heute wieder einen Glückstag haben.
Polizisten sind das Beste, was ich kenne –
gleich nach Rhabarbergrütze."

Sie ging den Polizisten entgegen und strahlte
vor Entzücken über das ganze Gesicht.

„Bist du das Mädchen,
das in die Villa Kunterbunt eingezogen ist?“,
fragte einer der Polizisten.
„Im Gegenteil“, sagte Pippi.
„Ich bin eine ganz kleine Tante,
die in der dritten Etage
am anderen Ende der Stadt wohnt.“

Pippi sagte das nur, weil sie einen Spaß machen wollte.
Aber die Polizisten fanden das durchaus nicht lustig.
Sie sagten, Pippi solle nicht versuchen,
Witze zu machen.

Und dann erzählten sie,
gute Menschen in der Stadt hätten dafür gesorgt,
dass Pippi einen Platz im Kinderheim bekäme.

„Ich hab schon einen Platz in einem Kinderheim“, sagte Pippi.
„Was sagst du, ist das schon geregelt?“,
fragte der eine Polizist. „Wo ist das Kinderheim?“

„Hier“, sagte Pippi stolz.
„Ich bin ein Kind, und das hier ist mein Heim,
also ist es ein Kinderheim.
Und Platz habe ich hier. Reichlich Platz.“

Astrid Lindgren

Textwerkstatt

Seite 100

Wörter-Spielwiese

Suche dir einen Zungenbrecher aus und lerne ihn auswendig.
Überlege, welche Wörter du besonders betonen kannst.
Versuche dann, den Zungenbrecher immer schneller zu sprechen.

Seite 101

Das Gnu

Finde heraus und schreibe auf:

1. Was ist ein Gnu?
2. Welche Sprache spricht das Gnu?
3. Was heißt „How do you do?“

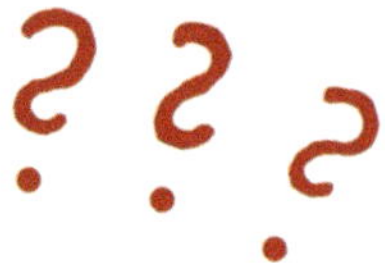

Seite 103

Paul will auch eine Bande

Stell dir vor, Boris und Paul finden auch einen Schatz.
Wie könnte die Geschichte dann weitergehen?
Erzähle oder schreibe es auf.

Seite 106

Tier-Rondo

Schreibe selbst ein Tier-Rondo:

1. Zeile: Ein kleiner Hamster.
2. Zeile: ???
3. Zeile: Ein kleiner Hamster.
4. Zeile: ???
5. Zeile: Ein kleiner Hamster.

Seite 108

Märchenstundenabend

Sieh dir das Wörterspiel auf Seite 108 genau an.
Versuche es nun mit Tinas Wort:
Achtung: Am Anfang schreibst du jedes Wort groß!

1. Zeile: Hexenhaustür
2. Zeile: ? ? ?
3. Zeile: Hexenhaustür
4. Zeile: ? ? ?
5. Zeile: Hexenhaustür

Seite 111

Wie die Menschen feiern

Tina, Tino, Ali und Sarah erzählen von verschiedenen Festen.
Wähle ein Fest aus. Finde heraus, warum es gefeiert wird.
Frage deine Eltern, lies im Kinderlexikon nach oder surfe im Internet.

Seite 112

Zeiten und Räume

Wann vergeht für dich die Zeit besonders schnell?
Wann vergeht sie besonders langsam?

Die Zeit vergeht schnell, …	Die Zeit vergeht langsam, …
wenn ich …	wenn ich …

Textwerkstatt

Seite 114

Weil ich bin

Jeder Mensch ist anders als die anderen. Und das ist gut so. Sonst wäre es ja langweilig!
Male auf ein Blatt Papier ein Bild von dir oder klebe ein Foto darauf. Schreibe darunter, was du an dir besonders magst.

Seite 114

Wunder des Alltags

Jeder Mensch kennt auch verschiedene Gefühle.
Mit Instrumenten könnt ihr Geräusche zu Gefühlen machen:
Probiert gemeinsam:

Mit welchen Instrumenten könnt ihr
Wut, Freude oder Aufregung ausdrücken?

Versucht dabei auch, die Instrumente mal lauter und leiser, mal schneller und langsamer zu spielen.

Seite 117

Kinderspiele aus anderen Ländern

Was ist dein Lieblingsspiel?
Erzähle in der Klasse, wie es gespielt wird.

Überlege vorher:

- Wie viele Kinder können mitspielen?
- Spielt man es draußen oder drinnen?
- Was braucht man für dieses Spiel?

Textwerkstatt

Seite 120

Was ist Pantomime?

Versuche selbst einmal, Theater ohne Worte zu spielen:

- Du isst ein großes Eis. Danach hast du Bauchweh.
- Du gehst mit einem Hund Gassi. Der zerrt an der Leine.

Du kannst dir auch etwas anderes ausdenken und vorspielen. Lass die anderen dann raten, was du gespielt hast.

Seite 122

Natur entdecken: Pflanzen

Baue lustige Wörter mit den Wörtern aus dem grünen Feld. Male dann ein passendes Bild darunter.

KLATSCHLÖWEN GÄNSEKORN WIESENZAHN

Seite 124

Wie wir leben

Lest jeden der drei Texte mit einem Partnerkind. Findet heraus:

- Wie heißt die Schwester von Aseye aus Ghana?
- Wie nennt Edgar von der Insel Panay seine Eltern?
- Warum ist es in Meenas Haus in Indien so laut?

Seite 126

Sommer

Zu Foto 1 gehört der Text neben der roten Schnecke.
Zu Foto 2 gehört der Text neben der …

Finde heraus, in welchem Land das Schweinchen und Luis leben. Gib dem Schweinchen einen lustigen Namen. Denke dir dann aus: Was könnte das Schweinchen in Deutschland erleben?

Inhalt

B/E: Basteln/Experimentieren G: Gedicht I: Information K : Kunstwerk
KB : Kinderbuchauszug L : Lied S: Spiel Sp: Sprachspiel

Jo-Jo Fibel

Ein Leselehrgang von Nicole Namour

Unter Beratung von: Kathrin Eckardt, Ludwigsburg – Sabine Käppeler, Heilbronn – Sandra Meeh, Neulingen – Christiane Pfläging-Meyer, Schenefeld – Birgitta Reddig-Korn, Waldbronn – Kai Stäpeler, Olpe – Elvira Throm, Heilbronn

Redaktion: Monika Gade, Nicole Namour
Illustration: Thorsten Saleina
Gesamtgestaltung und technische Umsetzung: Anna Bakalović und Annika Preyhs, Berlin
Notensatz: Kontrapunkt Satzstudio, Bautzen **Bildrecherche:** Peter Hartmann

Textquellen
66 Gerda Anger-Schmidt: Die Elefanten ... . (gek.: Was machen die Tiere am Feiertag?). © bei der Autorin **83** Josef Guggenmos: Der Löwenzahn. Aus: Groß ist die Welt. Die schönsten Gedichte. Beltz & Gelberg in der Verlagsgruppe Beltz, Weinheim & Basel 2006. **84** Karl Heinrich Waggerl: Die Distel. Aus: Heiteres Herbarium. Otto Müller Verlag, Salzburg. **85** Silke Brix-Henker (Abb.)/Kirsten Boie: Textauszug aus: Klar, dass Mama Anna lieber hat. Oetinger Verlag, Hamburg 1994. **87** Regina Schwarz: Meine Schwester und ich (gek.). Aus: Hans-Joachim Gelberg (Hrsg.): Überall und neben dir. Beltz & Gelberg in der Verlagsgruppe Beltz, Weinheim & Basel 1986, 1989. **92** Rudolf Otto Wiemer: Zufall. Aus: Hans-Joachim Gelberg (Hrsg.): Überall und neben dir. a. a. O. **93** Rudolf Herfurtner/Oliver Wenniges (Ill.): Der wasserdichte Willibald (Cover und Textauszug). © dtv junior, Deutscher Taschenbuch Verlag, München 2002. **100** Japanischer Zungenbrecher. Aus: Gerri Zotter (Hrsg.): Das Sprachbastelbuch. Jugend und Volk Verlagsgesellschaft m.b.H., Wien–München 1975. **101** Gerda Anger-Schmidt/Birgit Antoni (Ill.): Sommer sucht ... (gek.). Aus: Alles in Butter, liebe Mutter! Dachs-Verlag, Wien 1998. – Das Gnu. Aus: Gerda Anger-Schmidt: Der Hund ist rund – na und? Dachs-Verlag, Wien 2006. **102** Regina Schwarz: Mein Vater. Aus: Hans-Joachim Gelberg (Hrsg.): Überall und neben dir. a. a. O. – Gerda Anger-Schmidt: Ich und du. Aus: Gerda Anger-Schmidt: Der Hund ist rund – na und? a. a. O. – Josef Guggenmos: Der Brief. Aus: Was denkt die Maus am Donnerstag? Beltz & Gelberg in der Verlagsgruppe Beltz, Weinheim & Basel. **103** Dagmar Geisler (Text und Ill.): Paul will auch eine Bande (Textauszug). Verlag Friedrich Oetinger GmbH, Hamburg 2007. **104** Günter Ullmann: Herbstwind. Aus: Hans-Joachim Gelberg (Hrsg.): Überall und neben dir. a. a. O. – Helme Heine (Text und Ill.): Die Vogelscheuche. Aus: Gruß und Kuss. Middelhauve Verlag, Köln 1988. **105** Rolf Krenzer (T)/Peter Janssens (M): Ein armer Mann, ein armer Mann (gek.). Aus: Kommt alle und seid froh. Alle Rechte: Peter Janssens Musik Verlag, 48291 Telgte 1982. **108** Michael Ende: Ein sehr kurzes Märchen. Aus: Hans-Joachim Gelberg (Hrsg.): Überall und neben dir. a. a. O. **109** Markus Grolik: Der letzte Drache (Textauszug). Aus: Kleine Rittergeschichten. Verlag arsEdition. Reihe Känguru, München 2001. **112** Antje Damm (Text und Fotos): Schildkröte/Eintagsfliege. Aus: Alle Zeit der Welt. Moritz Verlag, Frankfurt a. M. 2007. **114** Helmut Glatz: Weil ich bin./Hans Manz: Wunder des Alltags. Aus: Hans-Joachim Gelberg (Hrsg.): Überall und neben dir. a. a. O. **119** Georg Bydlinski: Zum Muttertag. Aus: Die bunte Brücke. Herder Verlag, Basel/Freiburg/Wien 1992. **121** Cordula Tollmien: Wer sitzt neben Julia? (gek.). Aus: Kleine Schulgeschichten. Verlag arsEdition, München 2006. **125** Ingrid Uebe/Irmgard Paule (Ill.): Für jeden die Hälfte (gek.). Aus: Geschwistergeschichten. Loewe Verlag GmbH, Bindlach 2003. **127** Moses Pölking. **128/129** Astrid Lindgren/Anke Engelking (Ill.): Pippi bekommt Besuch (Auszug). Aus: Pippi Langstrumpf. Deutsche Übersetzung von Cäcilie Heinig. Alle Rechte für die deutsprachige Ausgabe: Verlag Friedrich Oetinger GmbH, Hamburg 2007.

Bildquellen
2 Affen: Aus: Anthony Browne: Ich liebe Bücher. Lappan Verlag, Oldenburg 1990. – Sonnenhocker: Aus: Oliver Wenniges: Der Sonnenhocker. Verlag Heinrich Ellermann, Hamburg 2001. **3** Buchtitel: Pippi Langstrumpf: Astrid Lindgren/Katrin Engelking (Ill.). Verlag Friedrich Oetinger 2007. – Das Gespenst im Gurkenglas: Daniela Kulot-Frisch. Cornelsen Verlag, Berlin 2003. – Nick und der neue Lehrer: Bettina Obrecht/Barbara Scholz (Ill.). Erstlesereihe Sonne, Mond und Sterne, Verlag Friedrich Oetinger 2004. – Kleiner, schrecklicher Drache. Lieve Baeten. Oetinger Verlag, Hamburg 2000. – Klar, dass Mama Anna lieber hat. Kirsten Boie/Silke Brix-Hender (Ill.). Oetinger Verlag, Hamburg 1994. – Piratengeschichten: Martin Klein/Silke Voigt (Ill.). Ravensburger Buchverlag 2005. – Gesichter: François und Jean Robert. Gerstenberg Verlag, Hildesheim 2005. – Der Sonnenhocker: Oliver Wenniges. a. a. O. **17** Abb. Samenkörner. Aus: Eric Carle: Nur ein kleines Samenkorn. Gerstenberg Verlag, Hildesheim 2001. – Meer: pixelio.de/Gregor B. / Wüste: pixelio.de/A. Grübner / Acker: Bildmaschine.de/Wodicka. **19** Eichhörnchen: Aus: Susanne Riha: Das kleine Eichhörnchen. Annette Betz Verlag im Verlag Carl Ueberreuter, Wien/München 1990. **23** Aus: Monika Lange / Nikolaus Heidelbach (Ill.): Mit Katz und Hund auf Du und Du. Rowohlt Verlag, rororo Rotfuchs, Hamburg 2000. **26** Cornelsen Verlagsarchiv. **31** Rotkäppchen: Naïma Abt. Rapunzel/Hänsel und Gretel: Jonathan Hoster. **34/35** Aus: Oliver Wenniges: Der Sonnenhocker. a. a. O. **37** Aus: Astrid Lindgren/Lars Klinting (Ill.): Weihnachten im Stall. Oetinger Verlag, Hamburg 2002. **44** Hasen: Cornelsen Verlag/Corel Library – Winterfeld: pixelio.de – Eichhörnchen: Juniors Bildarchiv – Rodeln: Bilder wie Worte/Werner. **45** Buchtitel: Bruno Blume/Jacky Gleich (Ill.): Ein richtig schöner Tag. Carlsen Verlag, Hamburg 2001. **48/49** Cornelsen Verlagsarchiv. **53** Abb. oben/Schriftzug. Aus: Dr. Seuss/Steve Johnson und Lou Fancher (Ill.): Jeder Tag hat eine Farbe. © für die deutschsprachige Ausgabe: C. Bertelsmann Jugendbuchverlag, ein Unternehmen der Verlagsgruppe Random House GmbH, München 1996. **61** Aus: Erwin Moser: Das große Fabulierbuch. Beltz & Gelberg in der Verlagsgruppe Beltz, Weinheim & Basel 1995. **64** blickwinkel/Stober. **65** Archimboldo: akg-images **67** Aus: Edith George (Hrsg.)/Jutta Mirtschin (Ill.): Weißer Falke Sternenschein. Kinderbuch Verlag, Berlin 1982. **69** Krokusse: Harzlandreise/Thomas Breuer. – Tulpen: Hunzikerfoto (CH) – Narzissen: Thomas Klotz. **72** Profilfoto Marek Lange. **73** Aus: Max Bolliger/Kvêta Pacovscá (Ill.): Rumpelstilzchen erzählt. Roman Kovar Verlag, Egling an der Paar, 2000. **74** Nicole Namour. Foto 2 mit freundlicher Genehmigung von Thilo von Westernhagen. **75** l. o.: Corbis (Wayang) – r. o.: African Pictures Network/Christine Nesbitt, Pietermaritzburg (RSA). **79** Aus: Tomek Bogacki: Ich, mein rotes Fahrrad und mein erster Garten. Verlag Freies Geistesleben, Stuttgart 2000. 82 Bärenohr/Wiesenknopf: Cornelsen Verlagsarchiv. – Käsepappel: digital-nature.de/Jörg Riedel. **92** Moses: Frank Pölking. – Zwillinge: Rob & SAS – Familie. Corbis/Creasource. **96** Wikimedia/GNU/Greece Board of Tourism. **97** Buchcover: Die Geschichte vom Löwen, der nicht schreiben konnte: Martin Baltscheit. Bajazzo Verlag, Zürich 2002. – Wüstenfreunde: Bettina Obrecht/Katrin Engelking (Ill.). Verlag Friedrich Oetinger, Hamburg 2002. – Lotte und Lena im Buchstabenland: Anne Maar/Stefanie Harjes (Ill.). Bajazzo Verlag, Zürich 2005. – Wahre Freunde: Manuela Olten. Bajazzo Verlag, Zürich 2005. – Paul will auch eine Bande: Dagmar Geisler. Verlag Friedrich Oetinger, Hamburg 2007. – Meerestiere: Fiona Patchett. Reihe: Der Bücherbär. Edition Bücherbär im Arena Verlag, Würzburg 2003. **105** epd-bild/Andrea Enderlein. **107** Delfine: Juniors Bildarchiv – Haie: picture-alliance/dpa/Jaako Avikainen/Lehtikuva OY. **110** Anbetung: Gallery London/Wikipedia/GNU/Zenodot – Teelichte: Profilfoto Marek Lange. **111** Weihnachten: picture-alliance/Okapia/Erich Geduldig – Moschee: Sebastian Niedlich, Berlin – Menorah: alamy/Eddie Gerald. **114** Deutsches Komitee für UNICEF, Köln (Hyou Vielz). **116** Saurier: Elke Möllmann/Museum für Naturkunde, Dortmund. – Skaten: project-photos/Reinhard Eisele. **118** Tulpe: Hunzikerfoto (CH) – Narzisse: Thomas Klotz – Krokus: Harzlandreise/Thomas Breuer. **120** Popow: ullstein bild/Brill – Marceau: picture-alliance/dpa/Lionel Hahn/abaca. **122** The Bridgeman Art Library, London/Berlin. **124** Mit freundlicher Genehmigung von Dorling Kindersley Ltd., 2007. **126** Jacqueline Carranza. **127** Mitte und oben: Frank Pölking. Unten: Wikipedia/GNU/Amcaja.

www.cornelsen.de

1. Auflage, 1. Druck 2008

Alle Drucke diese Auflage sind inhaltlich unverändert und können im Unterricht nebeneinander verwendet werden.

Druck: CS-Druck CorneslenStürtz, Berlin

ISBN 978-3-06-082016-0

Inhalt gedruckt auf säurefreiem Papier aus nachhaltiger Forstwirtschaft.

End